Paolo Wagner
Was in der Messe so abläuft

Paolo Wagner

Was in der Messe so abläuft

Eucharistie für Einsteiger

Herder Freiburg · Basel · Wien

Illustrationen: Paolo Wagner

Alle Rechte vorbehalten – Printed in Belgium
© Verlag Herder Freiburg im Breisgau 1995
Druck und Einband: Proost, Turnhout 1995
ISBN 3-451-23218-9

Inhalt

Einleitung für Erwachsene......................... 7

Einleitung für Kinder 9

1. Vor dem Gottesdienst.......................... 10
2. Wie die Messe anfängt 17
3. Wie die Gemeinde zugibt, was sie falsch gemacht hat 22
4. Wie aus der Heiligen Schrift vorgelesen wird....... 26
5. Wie alle in der Kirche laut sagen, woran sie eigentlich glauben 33
6. Wie die Eucharistiefeier anfängt 38
7. Das besondere Geheimnis jeder Messe............ 45
8. Wie Jesus uns das Beten beigebracht hat.......... 51
9. Was bei der Kommunion passiert 55

10. Der Schluß der Messe............................59

11. Ein paar besondere Erklärungen hinterher.........63

Einleitung für Erwachsene

Dieser Begleiter durch die Eucharistiefeier setzt voraus, daß man richtig lesen kann. Er ist also wahrscheinlich zu kompliziert für Kinder, die gerade erst in die Schule kommen. Aber für Kinder, die schon ganz gut lesen können und sich oft in der Messe langweilen, weil sie den Ritus der Erwachsenen nicht richtig verstehen, ist er hoffentlich gerade richtig. Zur Vorbereitung auf die Erstkommunion ist er vielleicht besonders wichtig.

Dieses kleine Buch soll in die Messe mitgenommen werden können und dort benutzt werden dürfen. Deshalb ist es so geschrieben, daß die Erklärungen jeweils nicht zu ausführlich ausgefallen sind. Der kleine Leser dieses Büchleins soll durch das Lesen nicht daran gehindert werden, den Fortgang der Messe zu verfolgen. Er soll verstehen, was gerade jetzt passiert, aber nicht durch zu lange Erklärungen den Zug verpassen. Deshalb habe ich ganz zum Schluß ein paar besonders wichtige Fragen extra noch einmal ausführlicher erklärt. Die könnten dann nachgelesen werden, wenn in der Messe eine gewisse Pause eingetreten ist – z.B. bei einer Predigt, die sich nur an die Erwachsenen richtet, während der Kommunion etc.

Ich lege im folgenden einen korrekten Ritus zu Grunde. Im konkreten Alltag der Meßfeiern wird das eine oder andere weggelassen (z.B. Schuldbekenntnis, erste Lesung, Gloria). Das macht nichts, denn das können die Eltern ja ihrem Kind erklären.

Einleitung für Kinder

Als ich dieses Buch gemacht habe, dachte ich mir: das sollen Kinder in die Messe mitnehmen können. Also darf es nicht zu schwierig sein. Und es darf niemand daran hindern, die Messe mitzufeiern. Jetzt sehen die Seiten so aus:

die Worte, die der Pfarrer oder die Lektorin oder die Gemeinde sagt

hier ist ein mehr oder weniger gelungenes Bild drauf

Dabei sind auch die Worte, die Du selber sagen kannst: sie sind in **roter Farbe**. Diese Worte kannst Du laut sprechen.

das ist die Erklärung dazu – wenn Du *mehr* wissen willst, dann kann Du ganz hinten im Buch nachsehen.

Vor dem Gottesdienst

In der Kirche kommen jetzt die großen und kleinen Christen an. Beim Betreten der Kirche tauchen sie ihre Finger ins Weihwasser und machen ein Kreuzzeichen.

Das Weihwasser ist Wasser, das in der Osternacht verwendet worden ist und das ganze Jahr hindurch aufbewahrt wird. Mit genau solchem Wasser bist Du einmal getauft worden. Wenn Du jetzt die Finger in dieses Weihwasser hältst, dann erinnerst Du Dich selber an Deine Taufe. „Geweiht" ist etwas, wenn es nur im Gottesdienst verwendet wird. Auf einem Sportplatz oder in einer Disco findest Du nichts Geweihtes.

Die Männer und Jungen nehmen ihre Mützen und Hüte ab, aus Achtung vor Gott. Die Frauen und Mädchen dürfen, wenn sie wollen, ihre Hüte auflassen.

Das liegt daran, daß vor vielen Jahrhunderten bei den Christen im Orient Frauen nur dann zum Gottesdienst durften, wenn sie vor dem Gesicht einen Schleier trugen. Die Männer wollten im Gottesdienst nicht von den Gesichtern schöner Frauen abgelenkt werden. Wie das heute ist? Naja, äh...

Früher mußten Frauen und Mädchen in die Bänke auf der rechten Seite der Kirche gehen, die Männer und Jungen links bleiben. Heute können alle überall hin. Wer zu der Bankreihe gekommen ist, wo er bleiben will, macht eine Kniebeuge und geht in die Bank.

Eine Kniebeuge ist kein kleiner Knicks, sondern dabei berührt ein Knie den Boden. Man kann auch einen tiefen Diener machen. So eine Kniebeuge ist ein Zeichen dafür, daß Gott viel größer ist als jeder Mensch. Vor anderen Menschen mußt du nicht knien – vor Gott ist das in Ordnung

In der Bankreihe kannst Du Dich hinknien und ein bißchen mit Gott sprechen. Du kannst ihm sagen, was Du an der vergangenen Woche schön oder furchtbar gefunden hast.
Du kannst dabei auch sitzen oder stehen, wie Du willst.

Während sich die Kirche mit Kindern und Erwachsenen füllt, bereiten sich in einem Zimmer neben dem

Altarraum der Priester und die Ministranten auf den Gottesdienst vor.

Dieser Raum heißt „Sakristei" und steht voller Kleiderschränke. Je nach Jahreszeit haben Ministrantinnen und Ministranten und der Priester Röcke oder weite Kleider mit verschiedenen Farben an. Im Advent und nach Weihnachten sind sie grün; in der Fastenzeit tragen sie lila oder sogar schwarz; wenn die Osterzeit angefangen hat, sind ihre Röcke rot oder ganz weiß. Du hast bestimmt schon gemerkt, daß alle ohne Ausnahme Röcke oder Kleider anziehen, aber nie Hosen anhaben - auch nicht die Jungen, auch nicht der Priester. Das ist ein Zeichen dafür, daß vor Gott Männer und Frauen gleich sind. (Aber wieso dann nicht auch Frauen Priester sein können ... nun...alles auf einmal kann ich Dir nicht erklären).

Früher durften nur Jungen am Altar stehen; aber heute dürfen auch Mädchen ministrieren. Statt Ministranten sagen auch manche „Meßdiener": das ist dasselbe. Ministrantinnen oder Ministranten sind die Gehilfen der Priester im Gottesdienst. Du kannst Ministrant werden, sobald Du das erste Mal bei der Kommunion warst.

In der Sakristei werden die Kleider an große und kleine Ministranten ausgegeben und die Aufgaben für den Gottesdienst verteilt. Eine soll sich um die Geldsammlung kümmern, der andere um Wasser und Wein, die um die Glöckchen und der um die Kerzen. Manchmal gibt's auch Krach in der Sakristei darüber, wer was machen darf. Dann muß der Chef der Sakristei, der „Sakristan", ein Machtwort sprechen.

Man kann statt „Sakristan" auch „Küster" oder „Mesner" sagen.

In Sonntagsmessen siehst Du oft aber nicht nur die Ministranten oder den Priester am Altar, sondern auch die Vorleser. Das sind Frauen und Männer, die in der Messe aus dem alten und neuen Testament vorlesen. Sie heißen „Lektoren". Andere bringen der Gemeinde neue Lieder bei oder singen allein im Gottesdienst. Das sind die „Kantoren".

Wenn alle fertig vorbereitet sind, geht die Tür der Sakristei auf, ein Ministrant läutet ein Glöckchen und los geht's.

Wie die Messe anfängt

Die Gemeinde steht auf, wenn Ministranten und Priester aus der Sakristei kommen, die Orgel fängt zu spielen an. Eine Ministrantin oder ein Ministrant trägt ein großes Buch dem Zug voraus. Es ist das Buch mit der heiligen Schrift, aus der in der Messe vorgelesen wird.

„Messe" sagen nur die katholischen Christen zu ihrem Gottesdienst. Dieses Wort kommt vom lateinischen „Missa" und heißt soviel wie: der Gottesdienst ist zu Ende. Sonst kann man auch „Eucharistiefeier" sagen. Das hört sich noch ein bißchen merkwürdiger an. „Eucharistia" ist ein altes griechisches Wort und heißt: „Die Feier des Dankens".

Priester, Ministranten, Lektoren und Kantoren steigen die Stufen zum Altar hoch und beugen zusammen die Knie. Der Priester küßt den Altar. Dann gehen alle auf ihre Plätze.

Daß der Priester den Altar küßt, macht er deshalb, weil mit diesem Altar ein Geheimnis verbunden ist. Es ist das Geheimnis der Eucharistie - und was es damit auf sich hat, kriegst Du später noch mit.

Wenn die ganze Gemeinde in der Kirche das erste Lied gesungen hat, machen der Priester und alle anderen in der Kirche das Kreuzzeichen.

Dabei legt man die rechte Hand zuerst an die Stirn, dann auf die Brust, dann an die linke und zum Schluß an die rechte Schulter. Das können weniger Leute richtig machen als Du glaubst. Deshalb sage ich es Dir hier lieber genau, wie es geht. Wenn man es richtig

Dabei sagt der Priester: „Im Namen des Vaters und des Sohnes und des heiligen Geistes. Amen."

gemacht hat, hat man ein Kreuz in die Luft gezeichnet.

Am Kreuzzeichen sind überall auf der Welt die Christen zu erkennen. Muslime haben andere heilige Zeichen, Buddhisten und Hindus auch und die Menschen, die an keinen Gott glauben, machen sowieso kein Kreuzzeichen. „Amen" ist ein sehr altes Wort aus der selben Sprache, die Jesus auch gesprochen hat. Es bedeutet so viel wie: genau, richtig, stimmt absolut.

Der Priester begrüßt die Gemeinde mit den Worten: „Der Herr sei mit Euch". Und alle antworten ihm: **„Und mit Deinem Geiste".**

Damit meint der Priester: jetzt denkt nicht mehr ans Fernsehen, an das Mittagessen oder an Eisbären in Grönland, jetzt denkt an Euch und an den lieben Gott. Und die Gemeinde wünscht ihm das gleiche, denn auch Priester müssen sich konzentrieren.

Wie die ganze Gemeinde zugibt, was sie falsch gemacht hat

Nach einer kleinen Stille fordert der Priester alle in der Kirche auf: „Wir wollen bekennen, daß wir gesündigt haben".

Jetzt kannst Du daran denken, was Dir in der letzten Woche total schiefgelaufen ist, wem Du wehgetan hast, auch wenn der gar nichts dafür konnte, wem Du was weggenommen hast, was Dir nicht gehört hat, wen Du absichtlich traurig gemacht hast. Alle in der Kirche denken jetzt darüber nach, nicht bloß Du. Dann sprechen die Erwachsenen und die Kinder das folgende Gebet, das schon seit Jahrhunderten von den Christen gesprochen wird:

Ich bekenne Gott, dem Allmächtigen, und allen Brüdern und Schwestern, daß ich Gutes unterlassen und Böses getan habe. Ich habe gesündigt in Gedanken, Worten und Werken - durch meine Schuld,

jetzt klopfst Du Dir leicht mit der Faust auf die Brust;

durch meine Schuld,

das gleiche noch mal;

durch meine große Schuld.

und noch mal. Das machst Du, weil Du das, was Du falsch gemacht hast, auf niemand anderen abschieben kannst.

Darum bitte ich die selige Jungfrau Maria, alle Engel und Heiligen, und Euch, Brüder und Schwestern, für mich zu beten bei Gott, unserem Herrn.

Dann sagt der Priester zur Gemeinde, daß Gott die Menschen wirklich liebt und ihnen deshalb die Schuld verzeiht: „Erlasse uns die Sünden nach und führe uns zum ewigen Leben" oder so ähnlich. Alle antworten: **„Amen"**

„Amen" - was auch sonst? Darüber kann man ja nur froh sein.

Anstelle des Schuldbekenntnisses kann auch ein anderes Gebet gesprochen werden, das „Kyrie" heißt. Du hast es bestimmt schon mal gehört.

Der Priester spricht im Kyrie der Gemeinde vor: „Herr erbarme Dich" und alle antworten ihm: **„Herr erbarme Dich"**. Dann bittet er „Christus, erbarme Dich" und alle wiederholen auch: **„Christus, erbarme Dich"**. Dann schließt er das

Gebet **„Herr, erbarme Dich"** und alle sagen nochmal **„Herr, erbarme Dich"**. Dieses Gebet kann auch gesungen werden oder auf griechisch gebetet werden. Es bedeutet dann aber immer noch dasselbe. Auf griechisch heißt das Ganze **„Kyrie eleison"** oder **„Christe eleison"** und die Gemeinde wiederholt auch das.

„Kyrios" heißt auf deutsch „Herr". Früher durfte im römischen Reich übrigens nur der Kaiser „Kyrios", genannt werden. Die Christen haben aber „Kyrios" nur zu dem sagen wollen, den sie angebetet haben – also zum Sohn Gottes. Darüber haben sich die römischen Kaiser damals furchtbar geärgert.

Nach einem Gebet, das der Priester mit ausgebreiteten Armen spricht - am Schluß sagen wieder alle **„Amen"** – kannst Du Dich hinsetzen. Jetzt solltest Du nur zuhören.

Wie aus der Heiligen Schrift vorgelesen wird

Zuerst wird von der Lektorin oder dem Lektor aus dem Alten Testament vorgelesen.

Das Alte Testament ist tatsächlich sehr alt. Es sind die Schriften, die die Christen gemeinsam mit den Juden im Gottesdienst hören. Jesus war ja auch Jude, und das, was Du jetzt hörst, wurde auch ihm damals vorgelesen.

Weil das Alte Testament so alt ist, verstehst Du vielleicht nicht alles, was Du hörst. Dann frag' Deine Eltern, den Pfarrer oder Deinen Religionslehrer. Das nervt die vielleicht ein bißchen, aber frag' ruhig trotzdem.

Nach dieser Lesung sagt die Lektorin oder der Lektor zur Gemeinde, was das war, was jetzt gerade gelesen worden ist: nämlich: „Wort des lebendigen Gottes". Und alle antworten **„Dank sei Gott"**.

Die Kantorin oder der Kantor singt nun ein altes Lied, das von König David gedichtet wurde. Es heißt „Psalm" und meistens singt der Kantor ein paar Zeilen vor und alle in der Kirche wiederholen den selben Kehrvers. Wie der genau geht, mußt Du Dir anhören.

Wenn der Psalm zu Ende ist, liest die Lektorin oder der Lektor die zweite Lesung. Die ist aber nicht mehr aus dem Alten, sondern aus dem Neuen Testament. Meistens wird

aus einem Brief vorgelesen, den ein Apostel an eine der ersten Christengemeinden geschrieben hat.

Und meistens kannst Du dabei hören, daß die Sorgen der ersten Christen gar nicht so anders waren als unsere heute. Wenn Du was nicht verstehst – frag' Deine Eltern, Deinen Reli-Lehrer oder den Pfarrer.

Auch die zweite Lesung wird abgeschlossen mit dem Ruf: „Wort des lebendigen Gottes". Alle antworten: **„Dank sei Gott"**.

Wieder tritt die Kantorin oder der Kantor vor und singt. Diesmal keinen Psalm, sondern ein **„Halleluja"**. Einmal wird es vorgesungen, dann singen es alle nach. Zum Halleluja stehen alle in der Kirche auf

„Halleluja" ist ein alter hebräischer Ruf. Übersetzt heißt er soviel wie: Lobt Gott! Halleluh Jah!

Nach dem Halleluja-Gesang geht der Priester zum Altar und verneigt sich, dabei betet er leise. Dann tritt er zum Vorlesepult, nimmt das Buch und sagt zur Gemeinde: „Der Herr sei mit Euch". Alle antworten ihm: **„Und mit Deinem Geiste"**. Er beginnt: „Aus dem heiligen Evangelium nach Markus" (oder nach Lukas, oder nach Johannes oder nach Matthäus). Die Gemeinde antwortet: **„Ehre sei Dir, oh Herr"**. Dabei macht jeder mit dem Daumen ein kleines Kreuz auf die Stirn, auf den Mund und das Herz.

Wenn Du dieses Kreuzchen machst, kannst Du beten: „Segne alle, an die ich denke; segne alle, mit denen ich spreche; segne alle, die ich liebe".

Dann liest der Priester das Evangelium vor. Manchmal singt er es auch.

„Evangelium" ist ein sehr altes Wort und heißt soviel wie „eine Supernachricht" oder „eine wunderbare Neuigkeit". Es gibt vier Evange-lien: von Lukas eines, von Johannes, von Matthäus und von Markus. In allen diesen Evangelien wird vom Leben Jesu erzählt. Auch hier gilt: was Du nicht blickst, muß Du Dir erklären lassen.

Der Priester hört auf mit dem Ruf „Evangelium unseres Herrn Jesus Christus" und alle singen das Hallluja von vorhin nochmal oder sie antworten **„Lob sei Dir, Christus"**.

Wenn am Sonntag der Priester predigt, dann setzen sich jetzt alle hin und hören zu. Wenn es keine Predigt gibt, bleiben alle stehen.

In der Predigt soll erklärt werden, was das Evangelium mit Dir und den anderen in der Kirche zu tun hat. Das schafft ein Prediger nicht immer. Was Du nicht verstanden hast, mußt Du von anderen rauskriegen. Am besten von dem, der die Predigt selbst gehalten hat. Wenn es ein guter Prediger ist, dann wird es ihm recht sein, wenn Du ihn nach der Messe fragst.

Wie alle in der Kirche laut sagen, woran sie eigentlich glauben

Wenn die Predigt zu Ende ist, stehen alle zum Glaubensbekenntnis auf. Meistens fängt der Priester an und dann beten alle mit. Es gibt ein großes und ein kleines Glaubensbekenntnis. Das kleine solltest Du irgendwann auswendig können. Es heißt „Apostolisches Glaubensbekenntnis" und es geht so:

„Ich glaube an Gott, den Vater, den Allmächtigen, den Schöpfer des Himmels und der Erde.
Und an Jesus Christus, seinen eingeborenen Sohn, unsern Herrn.
Empfangen durch den Heiligen Geist,

geboren
von der Jungfrau Maria,
gelitten unter Pontius Pilatus.
Gekreuzigt, gestorben
und begraben,
hinabgestiegen in das Reich
des Todes.
Am dritten Tag auferstanden
von den Toten,
aufgefahren in den Himmel.
Er sitzt zur Rechten Gottes,
des allmächtigen Vaters.
Von dort wird er kommen,
zu richten die Lebenden
und die Toten.
Ich glaube an den
Heiligen Geist,
die heilige
katholische Kirche,
Gemeinschaft der Heiligen,
Vergebung der Sünden, Auferstehung der Toten
und das ewige Leben.
Amen".

*Wenn Du nicht verstehst,
was da alles gebetet wird
dann lies hinten auf S. 64*

Bei diesem Glaubensbekenntnis stehen alle in der Kirche und sprechen es ganz deutlich aus. Wer nuschelt, hat nicht mitgekriegt, wie wichtig dieses Gebet ist.

Für dieses Glaubensbekenntnis sind schon Menschen gestorben. Viele Jahrhunderte lang haben sich die Christen darüber gestritten, was darin wichtig und unwichtig ist. Nichts von dem, was hier drinsteht, ist zufällig. Wenn z.B. von Pontius Pilatus geredet wird, dann ist damit gemeint, daß die ganze Geschichte mit Jesus tatsächlich passiert ist. Das hat sich niemand bloß ausgedacht.

Nach dem Glaubensbekenntnis bleiben alle stehen und beten die Fürbitten. Jemand aus der Gemeinde liest vor, um was die Gemeinde Gott bittet und alle antworten: **„Wir bitten Dich, erhöre uns"**. Man kann auch sagen „Christus höre uns" und alle antworten dann **„Christus, erhöre uns"**.

Natürlich ist das auch genau der richtige Platz in der Messe, an dem Du selber Gott sagen kannst, wofür Du seine Hilfe besonders brauchst.

Warum soll man überhaupt für andere beten? Weil wir so leicht vergessen, daß es nicht bloß uns mit unseren eigenen Wünschen und Sorgen auf der Welt gibt. Und weil die anderen Menschen unser Mitgefühl brauchen. Wer krank ist und niemanden hat, der ihm beisteht, wer unglücklich ist und wer Angst hat, muß jemanden finden, der an ihn denkt und ihm Gutes wünscht.

Natürlich ist es auch für Dich selber gut, wenn Du oder jemand anderes für Dich bittet. Deine Mama oder Dein Papa machen das bestimmt öfters als Du weißt. Alle Fürbitten sind allerdings für die Katz, wenn Du nicht selber dort hilfst, wo Du es kannst.

Der Priester spricht nach der letzten Bitte den Abschluß und alle antworten: **„Amen"**. Dann setzen sich alle in ihren Bänken hin. Am Altar setzt sich aber niemand, da passiert jetzt einiges.

Wie die Eucharistiefeier anfängt

Während der Priester zum Altar geht, teilen sich die Ministranten auf. Ein Teil von ihnen holt sich leere Körbe, die in der Nähe stehen und geht zur Gemeinde. Dort lassen sie die Körbe durch die Bankreihen gehen und sammeln Geld. Das nennt man „Kollekte".

„Kollekte" ist das alte lateinische Wort für „Sammlung". Schon die ersten christlichen Gemeinden haben gesammelt für die, die kein Geld hatten oder die was zu essen brauchten. Ich find's eigentlich eine gute Sache, bloß sollte jemand vor der Kollekte sagen, für wen es eigentlich sein soll.

Vielleicht hast Du schon einmal den alten Ausdruck „Klingelbeutel" gehört. Statt Körben wurde zum Sammeln früher tatsächlich ein Stoffbeutel verwendet, an dem ein Glöckchen hing.

Währen die einen Ministranten bei der Gemeinde sammeln, sind andere am Altar geblieben. Sie bringen eine Schale mit Hostien zum Priester. Dann holen sie von einem kleinen Tisch ein Kännchen mit Wasser und ein Kännchen mit Wein. Die Kännchen geben sie dem Priester und der gießt zuerst den ganzen Wein und dann ein bißchen Wasser in den Kelch auf dem Altar.

In manchen Gemeinden bringt jemand aus der Gemeinde die Schale zum Altar. „Hostien" sind kleine runde Brotscheiben.

Sie sind ganz flach und braun oder weiß. Die Hostien sind ohne Salz und Hefe gebacken worden. Nach der Wandlung sind sie nicht mehr bloß normales Brot.

Wenn sich Wein und Wasser mischen, dann kann man den Wein vom Wasser nicht mehr trennen. Für die Christen war diese Mischung ein Zeichen dafür, wer Jesus eigentlich war. Denn als Sohn Gottes hätte auch bei ihm niemand zwischen Gott und Mensch trennen können.

Dann gehen die Ministranten ein zweites Mal zum Altar. Diesmal haben sie ein Handtuch, eine kleine Schale und das Wasserkännchen dabei. Der Priester hält ihnen seine

Hände entgegen und die Ministranten gießen ihm Wasser drüber. Die Schale halten sie unter die Hände, damit nichts auf den Boden tropft. Mit dem Handtuch wischt der Priester sich ab. Dabei betet der Priester leise: „Herr, wasche ab meine Schuld, von meinen Sünden mach mich rein."

Damit will der Priester sagen, daß er für das, was jetzt kommt, nicht nur saubere Finger braucht, sondern auch ein reines Herz.

Dann stellt sich der Priester hinter den Altar, schaut die Gemeinde an und fordert alle auf: „Betet, Brüder und Schwestern, daß mein und Euer Opfer Gott, dem allmächtigen Vater, gefalle." Und alle antworten ihm: **„Der Herr nehme das Opfer an aus Deinen**

Händen zum Lob und Ruhme seines Namens, zum Segen für uns und seine ganze heilige Kirche."

Jetzt steht die ganze Gemeinde auf. Der Priester wünscht allen: „Der Herr sei mit Euch." Und alle antworten: **„Und mit Deinem Geiste."** Priester: „Erhebt die Herzen!", alle: **„Wir haben sie beim Herrn."** Priester: „Lasset uns danken dem Herrn, unserem Gott." Alle: **„Das ist würdig und recht."** Diese Fragen und Antworten werden manchmal auch gesungen.

Nun fängt der Priester das große Loblied an. Es soll Gott auf der Erde und im Himmel preisen, mit den Stimmen der Menschen und der Engel. Es endet:

„Heilig, heilig, heilig, Gott, Herr aller Mächte und Gewalten. Erfüllt sind Himmel und Erde von Deiner Herrlichkeit. Hosanna in der Höhe. Hochgelobt sei, der da kommt im Namen des Herrn. Hosanna in der Höhe."

Vielleicht erinnerst Du Dich – dieses Lied haben die Leute in Jerusalem gesungen, als Jesus und seine Jünger in die Stadt kamen. Allerdings haben die gleichen Leute, die zuerst „Hosanna" geschrien haben, später Beifall geklatscht, als er gekreuzigt wurde.

Nun knien sich alle hin, denn jetzt beginnt das Geheimnis der Eucharistie.

Das besondere Geheimnis jeder Messe

Wie in jeder Eucharistiefeier überall auf der Welt erzählt an dieser Stelle der Priester die Geschichte vom letzten Essen, das Jesus mit seinen Freunden geteilt hat. „Denn am Abend, an dem er ausgeliefert wurde und sich aus freiem Willen dem Leiden unterwarf, nahm er das Brot und sagte Dank, brach es, reichte es seinen Jüngern und sprach: ‚Nehmet und esset alle davon: das ist mein Leib, der für Euch hingegeben wird'."

Diese Geschichte vom letzten Abendessen Jesu vor seiner Verhaftung steht fast genau so im Neuen Testament.

An dieser Stelle hebt der Priester ein Brotstückchen oder eine Hostie hoch und zeigt sie allen in der Kirche. Ein Ministrant klingelt jetzt laut mit den Handglöckchen, die vor ihm auf den Boden standen. Dann erzählt der Priester weiter: „Ebenso nahm er nach dem Mahl den Kelch, dankte wiederum, reichte ihn seinen Jüngern und sprach: ‚Nehmet und trinket alle daraus. Das ist der Kelch des neuen und ewigen Bundes, mein Blut, das für Euch und alle vergossen wird zur Vergebung der Sünden. Tut dies zu meinem Gedächtnis.

Und auch das steht so im Neuen Testament. So haben es sich die Christen viele Jahrhunderte lang weitererzählt.

Jetzt hebt der Priester den Kelch hoch. Und wieder klingelt ein Ministrant mit dem Glöckchen.

Nun sagt der Priester, was das eben war, was da passiert ist: „Geheimnis des Glaubens." Und wie sieht dieses Geheimnis aus? Das sagen jetzt alle laut: **„Deinen Tod, oh Herr, verkünden wir und Deine Auferstehung preisen wir, bis Du kommst in Herrlichkeit."** Das kann auch gesungen werden.

Jetzt müßte eigentlich mal längere Zeit gar nichts mehr passieren. Denn in den letzten Minuten hast Du so viel merkwürdige Dinge gehört und gesehen wie selten sonst in der Messe. Jesus hat gesagt: Das ist mein Leib. Eßt davon. Das ist mein Blut. Trinkt davon. Mein Leib – für Euch hingegeben. Mein Blut – für alle vergossen.

Zur Vergebung der Sünden. Oh Mann, wer soll das alles verstehen? Wenn Du dazu ein bißchen mehr wissen willst, kannst Du im letzten Kapitel (S. 63) weiterlesen.

Der Priester betet aber nun laut ein langes Gebet, in dem er an die erinnert, mit denen wir besonders verbunden sind. Er betet für alle, die auf der ganzen Welt mit Dir zusammen Christen sind. Und er betet nicht nur für die Menschen, die leben, sondern auch für die vielen Menschen, die schon gestorben sind.

Du kennst bestimmt auch Menschen, die Du lieb hast und die schon gestorben sind. Jetzt kannst Du Dich besonders an sie erinnern.

Am Schluß dieses langen Gebets hebt der Priester die Hostienschale und den Kelch hoch und spricht:

„Durch ihn und mit ihm und in ihm ist Dir Gott, allmächtiger Vater, in der Einheit des Heiligen Geistes alle Herrlichkeit und Ehre, jetzt und in Ewigkeit!".
Alle antworten ihm:
„Amen" und stehen auf.

Wie Jesus uns das Beten beigebracht hat

Viele Gebete kennst Du von Erwachsenen, von Deinen Eltern oder aus der Schule oder Du hast gebetet, wie es Dir eingefallen ist. Es gibt aber ein Gebet, das hat Jesus seinen Freunden selber beigebracht. Und das wird jetzt gemeinsam gebetet. Es heißt:

„Vater unser im Himmel,
geheiligt werde dein Name.
Dein Reich komme.
Dein Wille geschehe,
wie im Himmel so auf Erden.
Unser tägliches Brot
gib uns heute.
Und vergib uns unsere
Schuld,
wie auch wir vergeben
unseren Schuldigern.
Und führe uns nicht in

**Versuchung,
sondern erlöse uns von
dem Bösen.
Denn dein ist das Reich
und die Kraft
und die Herrlichkeit
in Ewigkeit.
Amen."**

Nach dem Vaterunser breitet der Priester die Hände zur Gemeinde aus und singt oder betet: „Der Friede sei mit euch" und alle antworten ihm: **„Und mit deinem Geiste."** Dann geben sich alle den

Der „Friedensgruß" sieht so aus, daß Du den Leuten um Dich herum die Hand gibst, sie anschaust und dabei sagst: „Der Friede sei mit Dir." Manchen ist das peinlich. Aber gerade, wenn Du Fremden den Frieden wünschst oder jemanden, mit dem Du Dich verkracht hast, kann das eine tolle Sache sein. Probier's einfach aus.

Der Priester bricht die Hostie in mehrere kleine Stücke. Dann betet oder singt er mit der ganzen Gemeinde: „Lamm Gottes, du nimmst hinweg die Sünden der Welt, erbarme dich unser. Lamm Gottes, du nimmst hinweg die Sünden der Welt, erbarme dich unser. Lamm Gottes, du nimmst hinweg die Sünden der Welt, gib uns Deinen Frieden."

Was bei der Kommunion passiert

Nach einer Kniebeuge am Altar hält der Priester jetzt ein Stück der Hostie hoch und spricht dazu: „Seht das Lamm Gottes, das hinwegnimmt die Sünden der Welt." Die Gemeinde antwortet: **„Herr, ich bin nicht würdig,
daß du eingehst unter mein Dach,
aber sprich nur ein Wort, so wird meine Seele gesund."**

Vielleicht erinnerst Du Dich? Diesen Satz hat einmal in einem Evangelium der römische Hauptmann zu Jesus gesagt, als der Diener des Hauptmanns krank war. Jesus wollte zu ihm gehen, um ihm zu helfen, aber der Hauptmann sagte ihm: „Ich bin nicht würdig, daß du zu mir kommst. Außerdem kannst Du ihm auch von hier aus helfen und brauchst nicht extra hinzugehen." Für Jesus war es toll, daß ein Ausländer, der nicht zu den Juden gehörte, so viel Vertrauen zu ihm hatte.

Nun geht der Priester allein oder mit den Kommunionhelfern zur Gemeinde hin und die Kommunion beginnt.

Das Wort „Kommunion" kommt aus dem lateinischen „Communio", das heißt auf deutsch: Gemeinschaft. Die Kommunion empfangen können nur die, die die Erst-Kommunion schon hinter sich haben.

Wenn Du zur Kommunion willst, gehst Du nach vorne und wartest bis du drankommst. Die Kommunionhelfer oder der Priester kommen zu jedem und halten Dir die Hostie entgegen und sagen dazu „Der Leib Christi." Dann antwortet man **„Amen"** und läßt sich die Hostie auf die Hand legen. Mit der anderen Hand legst Du sie Dir in den Mund. Dann verneigst Du Dich kurz und gehst an Deinen Platz zurück.

Früher durfte niemand außer dem Priester die Hostie in die Hand nehmen. Deshalb öffneten die Leute bei der Kommunion einfach den Mund und ließen sich die Hostie auf die Zunge legen.

Bei besonderen Festgottesdiensten oder in kleinen Gemeinden wird nicht nur die Hostie ausgeteilt, sondern auch der Kelch. Dann sagen die Kommunionhelfer oder der Priester zu Dir: „Das Blut Christi" und Du antwortest: **„Amen."** Du bekommst den Kelch und kannst daraus trinken – immer nur wenig, damit es für alle reicht. Mit einem kleinen Tüchlein wird der Kelch dann abgewischt.

Wenn Du wieder in Deiner Bank sitzt und die ganze Gemeinde geht an Dir vorbei zur Kommunion, siehst Du Leute, die Du gut kennst, aber auch Fremde, die Du noch nie gesehen hast. Schau sie Dir an. Alle sind völlig unterschiedliche Menschen. Und doch glauben alle an Christus und gehören zu Dir.

Nach der Kommunionausteilung geht der Priester wieder zum Altar. Dort bringen ihm die Ministranten noch einmal Wasser und ein Handtuch. Damit spült er den Kelch aus und wischt ihn trocken. Wenn alles abgeräumt ist, setzt er sich vielleicht nochmal hin.

Der Schluß der Messe

Der Priester steht auf und die ganze Gemeinde auch. Er betet das Schlußgebet und dann gibt er Nachrichten für die Gemeinde bekannt: wer in der vergangenen Woche gestorben ist, wer heiratet, wo sich der Kirchenchor trifft, wann die Jugendgruppen einen Ausflug machen oder so. Dann folgt der Segen.

Der Schlußsegen kann verschieden aussehen. In den Gemeinden auf dem Land wird im Sommer oder im Herbst, wenn das Wetter besonders wichtig ist für die Pflanzen, der „Wettersegen" gespendet. Darin wird Gott um das richtige Wetter, um Regen und Wind gebeten. An anderen Festen kann es den alttesta-

mentlichen Segen geben. Bei diesem Segen wird an die großen Taten Gottes in der Geschichte der Menschen gedacht. Alle diese Segensgebete hören aber ebenso wie dieses hier in der Messe auf: mit dem Kreuzzeichen.

„Der Herr sei mit euch", sagt der Priester; alle antworten: **„Und mit deinem Geiste."** Dann macht der Priester mit der rechten Hand ein großes Kreuzzeichen und sagt dazu: „Es segne euch der allmächtige Gott, der Vater und der Sohn und der Heilige Geist." Alle machen auch ein Kreuzzeichen und sagen ihr **„Amen."** Mit dem Gruß „Gehet hin in Frieden" durch den Priester und mit der Antwort der Gemeinde **„Dank sei Gott,**

dem Herrn" endet die Messe.

Der Priester küßt den Altar, macht mit den Ministranten eine Kniebeuge und alle gehen zurück in die Sakristei. Jetzt kannst Du auch Deine Sachen zusammensuchen, die Kniebeuge machen und zur Kirchentür gehen. Bevor Du rausgehst, kannst Du nochmal Deine Finger ins Weihwasserbecken tauchen und ein Kreuzzeichen machen. Damit ist auch für Dich der Gottesdienst aus. Bis zum nächten Mal!

Ein paar besondere Erklärungen hinterher

1. Das Schuldbekenntnis

Am Anfang der Messe hast Du gebetet: „Ich bekenne Gott, dem Allmächtigen, und allen Brüdern und Schwestern, daß ich Gutes unterlassen und Böses getan habe. Ich habe *gesündigt*…". Dieses Gebet beten mit Dir zusammen alle im Gottesdienst. Wieso machen wir das, bevor der Gottesdienst richtig losgeht?

Die Menschen, die in die Kirche kommen, sind ja nicht nur deswegen hier, weil sie stolz darauf sind, was sie die Woche über gemacht haben. Denn die meisten Menschen haben auch eine ganze Menge in den Sand gesetzt, Mist gebaut, Leute verärgert und anderen Menschen wehgetan. Deshalb ist es so wichtig, daß wir uns am Anfang der Messe daran erinnern, daß wir Vergebung brauchen – alle Menschen ohne Ausnahme. Die großen genauso wie die kleinen. Aber weil Gott uns liebt, kann er uns unsere Schuld auch wirklich verzeihen.

2. Das Glaubensbekenntnis
   (manche sagen dazu auch „Credo")

Nach dem Evangelium und der Predigt sind alle aufgestanden und haben das Glaubensbekenntnis gebetet: „Ich glaube an Gott, den Vater, den Allmächtigen, den Schöpfer des Himmels und der Erde...". Ein paar auffällige Wörter aus diesem Glaubensbekenntnis will ich Dir kurz erklären.

„Gott, der Vater" – so reden wir im Glaubensbekenntnis deshalb, weil wir zu Gott Vertrauen haben können und weil er uns versteht. Gott ist aber viel mehr als Dein eigener Vater, den Du kennst. Genausogut könntest Du zu Gott auch „Mutter" sagen, denn für uns Menschen ist Gott auch ein zärtlicher und mütterlicher Gott. Gott ist mehr als Vater und Mutter.

„Und an Jesus Christus, seinen eingeborenen Sohn" – das bedeutet, daß Gott seinen Sohn nicht wie einen Zauberer plötzlich auf der Erde hat erscheinen lassen. So war's nicht. Gott wurde durch seinen Sohn Jesus ein Mensch wie Du selber ein Mensch bist. Er ist von einer Frau geboren worden, war traurig, hat gelacht, geschwitzt und gespielt wie Du auch. In Jesus ist uns Gott so nahe gekommen wie sich auch Menschen nahe sein können.

„Empfangen durch den Heiligen Geist, geboren von der Jungfrau Maria" – ein Kind entsteht im Bauch der Mutter, wenn Mann und Frau im Bett zusammen waren. Die ersten Christen waren davon überzeugt, daß das Kind Jesus im Bauch Marias durch Gott selber entstanden ist – nicht durch ihren Mann. Deshalb steht hier, daß Maria „Jungfrau" war.

„Hinabgestiegen in das Reich des Todes" – Jesus war nicht zum Schein tot oder nur ohnmächtig oder bewußtlos. Nein, er war tatsächlich so tot, wie es Tote sind. Und von dort hat ihn Gott wieder lebendig gemacht.

„Von dort wird er kommen, zu richten die Lebenden und die Toten" – Jesus war ein Mensch und kennt unser menschliches Leben. Wenn er einmal unser Richter ist, dann ist er das ganz bestimmt nicht so, wie wir Menschen uns Gerichte vorstellen. Denn er versteht unser Leben, er weiß, was wir nur aus Versehen oder aus Blödheit falsch gemacht haben. Und er hat uns sehr gern.

„Ich glaube… an die heilige katholische Kirche, Gemeinschaft der Heiligen" – „heilig" ist die Kirche dann, wenn sie für die Armen in der Welt da ist und das Evangelium verkündet. Sie ist aber nicht heilig, wenn sie Unrecht gut findet, selber immer reicher wird und den

Menschen Angst macht. „Ich glaube an die heilige Kirche" bedeutet, daß die Kirche mit Gottes Hilfe (und mit Deiner) immer wieder von Neuem heilig werden kann.

3. Das Opfer

Bei der Gabenbereitung hat der Priester gebetet: „Betet, daß mein und Euer *Opfer* Gott gefalle." Das Wort „Opfer" kommt immer wieder in der Messe vor. Aber was ist das?

Wenn man etwas für jemand anderen tut, auch wenn es ein wirklicher Verzicht ist, dann ist das ein Opfer. Als Jesus das letzte Mal mit seinen Jüngern nach Jerusalem kam, wußte er, daß das für ihn lebensgefährlich wird. Er hat aber mit offenen Augen trotzdem seinen Tod riskiert. Die ersten Christen waren davon überzeugt, daß Jesus sich für die Menschen geopfert hat. Aber welches „Opfer" bringen wir denn in der Messe?

Wenn der Priester das Brot bricht, dann erinnert er daran, wie das Leben Jesu am Kreuz zerbrochen worden ist. Wer Jesus nachfolgen will, wird viele unbequeme Entscheidungen treffen müssen. Wenn man sein ganzes Leben lang ruhig auf seinem Sessel hockt und es immer nur gemütlich haben will, verpaßt man den Sinn des Lebens. Wenn wir in der Messe an den Tod Jesu denken und die Eucharistie mitfeiern, dann sagen wir Ja zum Opfer Jesu. Wir sagen aber auch Ja dazu, daß wir etwas von uns opfern, wenn es anderen hilft.

Dabei mußt Du nicht gleich an Leben oder Tod denken. Es gibt viele Gelegenheiten, wo so ein kleines Opfer vielleicht das richtige ist – wenn Du jemanden verteidigst, der sich nicht selber verteidigen kann. Wenn Du jemandem etwas gibst, der selber nichts hat. Wenn Du jemandem hilfst, obwohl Du eigentlich gar keine Lust hast.

Daran kannst Du denken, wenn in der Messe vom „Opfer" gesprochen wird.

4 Die Gegenwart Gottes

Gott kannst Du an vielen Orten finden. Jesus hat selber einmal zu seinen Freunden gesagt: Was Ihr den geringsten Menschen tut, das tut Ihr mir. Einer der Orte, wo wir Gott finden können, ist die Eucharistiefeier.

Jesus hatte seinen Freunden versprochen, daß er auch nach seinem Tod bei ihnen ist, wenn sie das Mahl wiederholen würden, das er mit ihnen am Abend vor seinem Tod geteilt hatte. Und genau das machen die Christen in ihren Eucharistiefeiern seit vielen Jahrhunderten bis heute. Du kannst Jesus zwar auch bei einer Eucharistiefeier nicht so berühren und sehen, wie die Menschen, die links und rechts von Dir in der Kirche sind. Aber Du kannst glauben, daß er beim Brotbrechen und Wein trinken wirklich da ist und daß Du zu ihm gehörst, wenn Du davon ißt und trinkst. In der Messe sagen wir bei der Wandlung, daß es sich um ein „Geheimnis des Glaubens" handelt. Und genau das ist es auch.

Paolo Wagners Ratgeber für Eltern

Kann der liebe Gott zaubern, Papa?

Was Sie Ihren Kindern antworten ohne abzustürzen

120 Seiten mit zahlreichen farbigen Illustrationen, gebunden.
ISBN 3-451-23516-1

Kinderfragen können Erwachsene in einige Verlegenheit bringen. Wer wüßte etwa aus dem Stand zu sagen, ob auch Tiere einen Himmel haben? Was soll man antworten, wenn man gefragt wird: „War Jesus wirklich das Kind vom lieben Gott?" oder „Warum können bei uns Frauen keine Pfarrer sein?"
Wer solche Fragen nicht einfach übergehen möchte, sondern nach kindgerechten und zugleich treffenden Antworten sucht, ist bei Paolo Wagner an der richtigen Adresse. Der Religionspädagoge und Familienvater steht allen Eltern zur Seite, die ihren Kindern Gott und die Welt erklären wollen.

Verlag Herder Freiburg · Basel · Wien

Kindern aus dem Herzen gesprochen

Wie fröhlich bin ich aufgewacht

Mein erstes Gebetbuch

Mit Illustrationen von Constanza Droop
2. Auflage, 32 Seiten, gebunden
ISBN 3-451-23309-6

Das liebevoll gestaltete Buch ermutigt dazu, von Anfang an mit Kindern zu beten. Neben bewährten, traditionellen Grundgebeten enthält es auch neue und freiere Texte für ein erstes Sprechen mit Gott.
Die Gebete wurden von Johann Spörlein und Reinholda Wittmann ausgewählt. Ab 3 Jahren.

Verlag Herder Freiburg · Basel · Wien